SMART COOKIE KID

II 

For 3 - 4 year olds

Mary Khalil
Baha Kodir

序文

この発達ワークブックには、お子様の注意力、集中力、多元的知能、視覚的記憶、運動能力、批判的思考、学習能力、問題解決力、創造性などを高めるために設計された、さまざまな魅力的な演習が含まれています。　最適な結果を得るために、お子様には大人の指導の下、これらのアクティビティを順番に定期的に実行することをお勧めします。　この面白くて注意力を高める本のすべての演習には、明確な指示が付いています。　各エクササイズに特定の時間制限はありません。　最も重要なことは、お子様が問題を解決したり、新しいスキルを学んだりしながら、楽しんで注意を集中できることです。お子様がアクティビティ中に指示がわかりにくいと感じた場合は、シンプルで共感できる説明や例を示して、その混乱を明確にすることが重要です。　お子様が練習を無事に完了したときに、言葉で積極的に励ますことは、お子様のやる気を引き出す優れた方法です。　たとえば、「素晴らしい仕事をしていますね!」と言うことができます。　または「あなたは信じられないほど素晴らしいです！」

この本には、特に子供たちの想像力を魅了するよう、注意深く専門知識を駆使して作成された楽しいイラストが掲載されています。これらの優しい芸術作品は、プロのアーティストの才能の結晶です。

さらに、保護者が家で子供たちと質の高い絆を深められる時間を提供するために、楽しいゲーム ページも追加しました。　これらの楽しいゲームは、きっと思い出に残る瞬間を生み出し、あなたと小さなお子様との強いつながりを育むでしょう。

5

南極大陸のペンギンの欠けている部分を写真の中から見つけて配置します。

6

国旗の下にある記号を一致させてください。

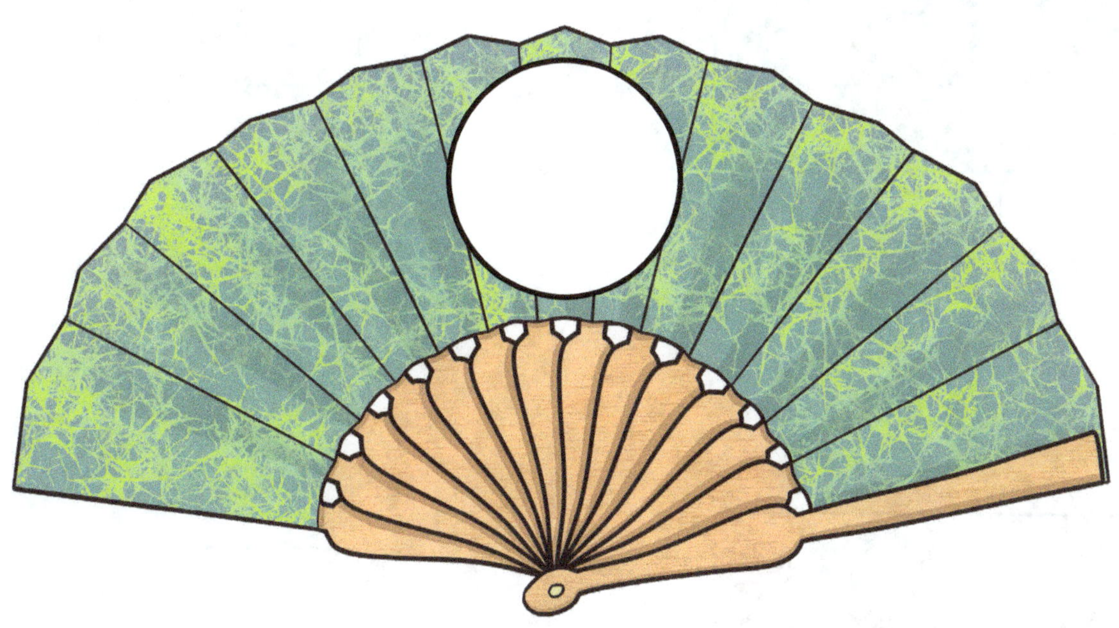

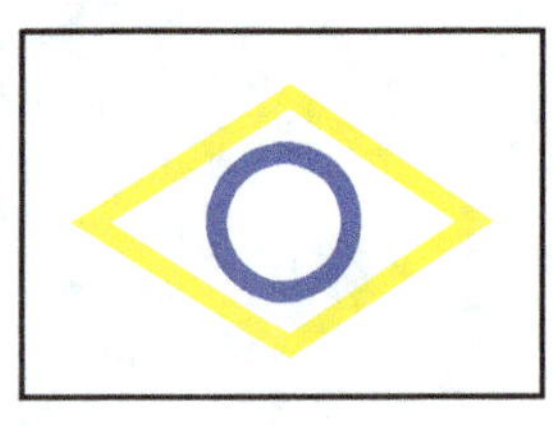

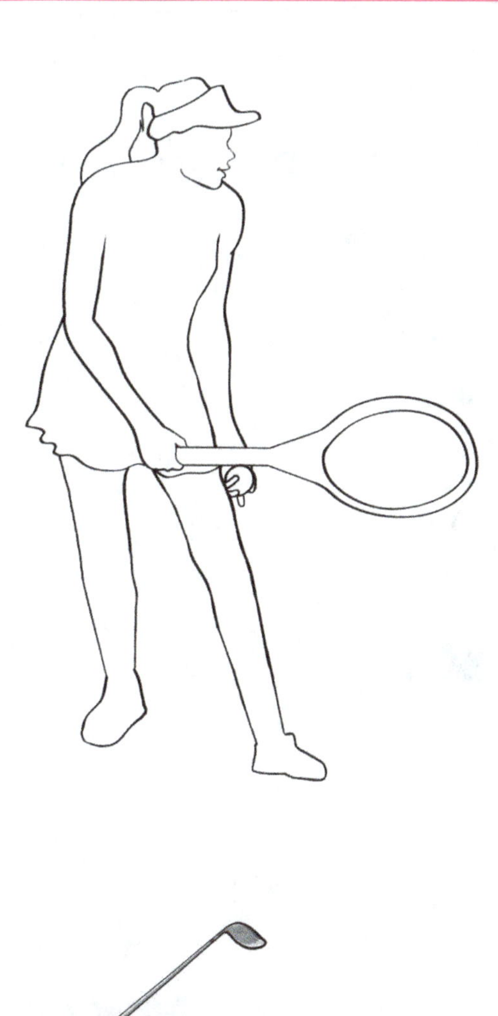

消防士がエンジンに向かって進んでいく様子を描きます。

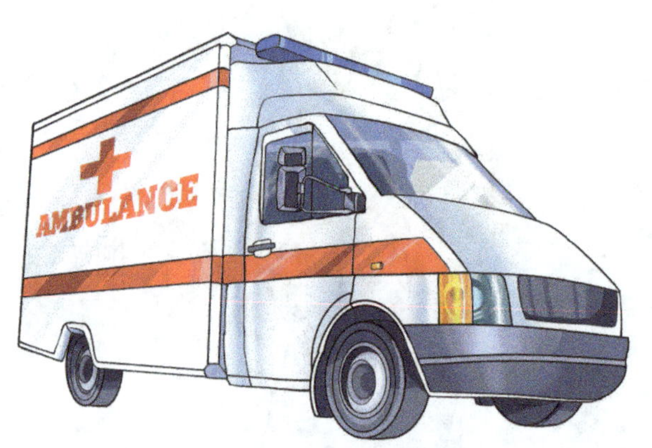

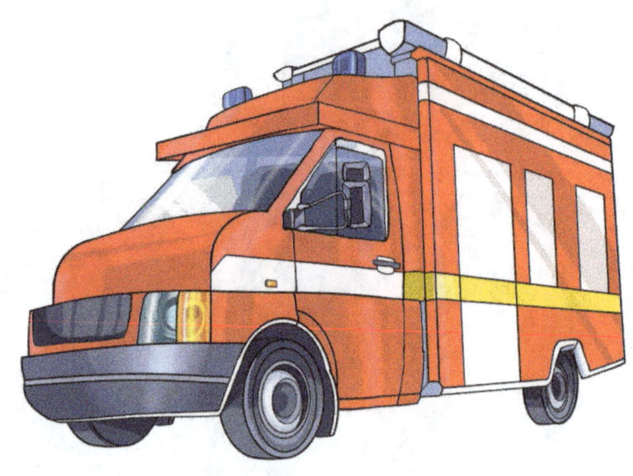

写真の果樹園の木に隠されたシンボルを見つけてください。

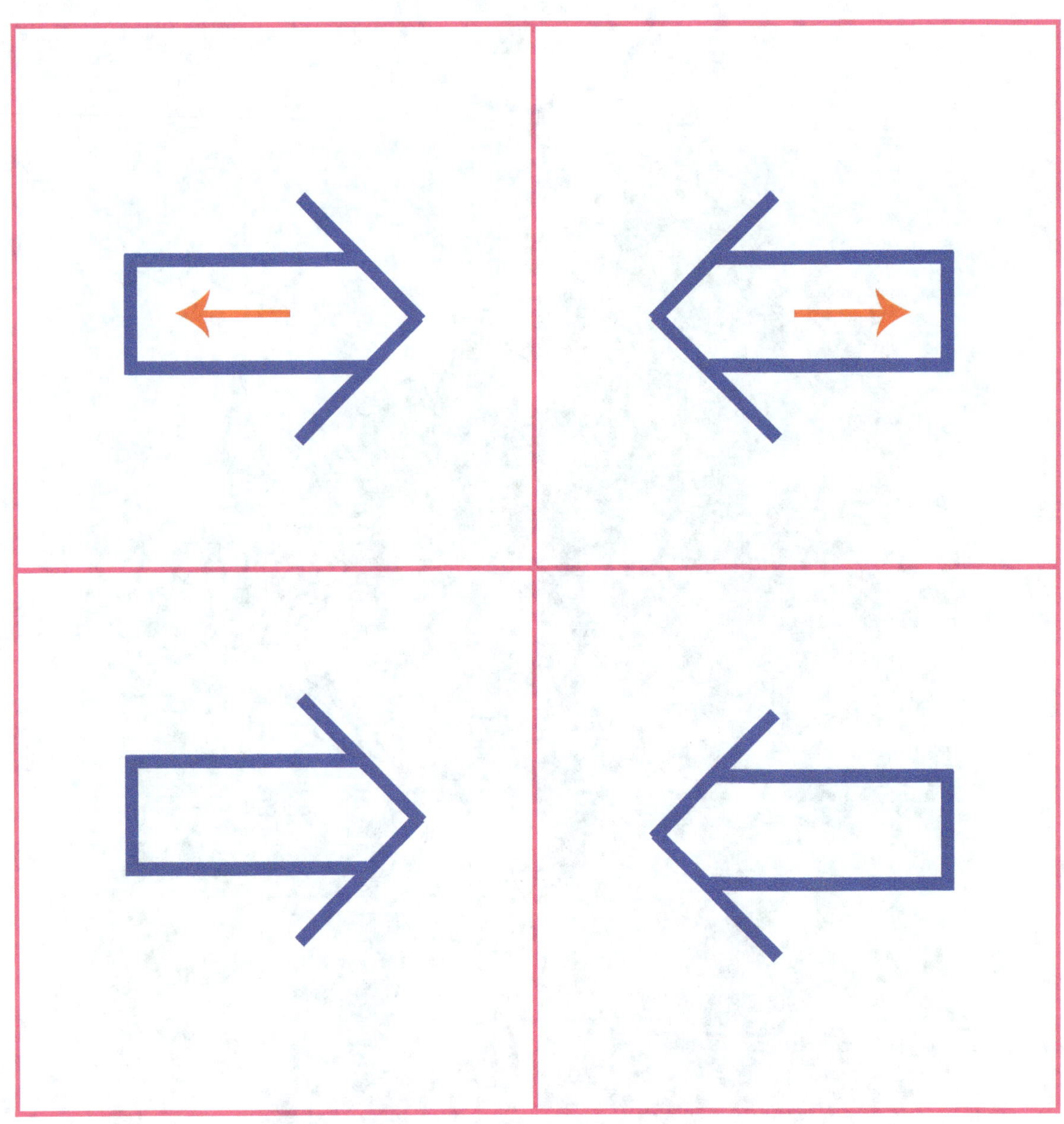

3

3

3

Ɛ

3

3

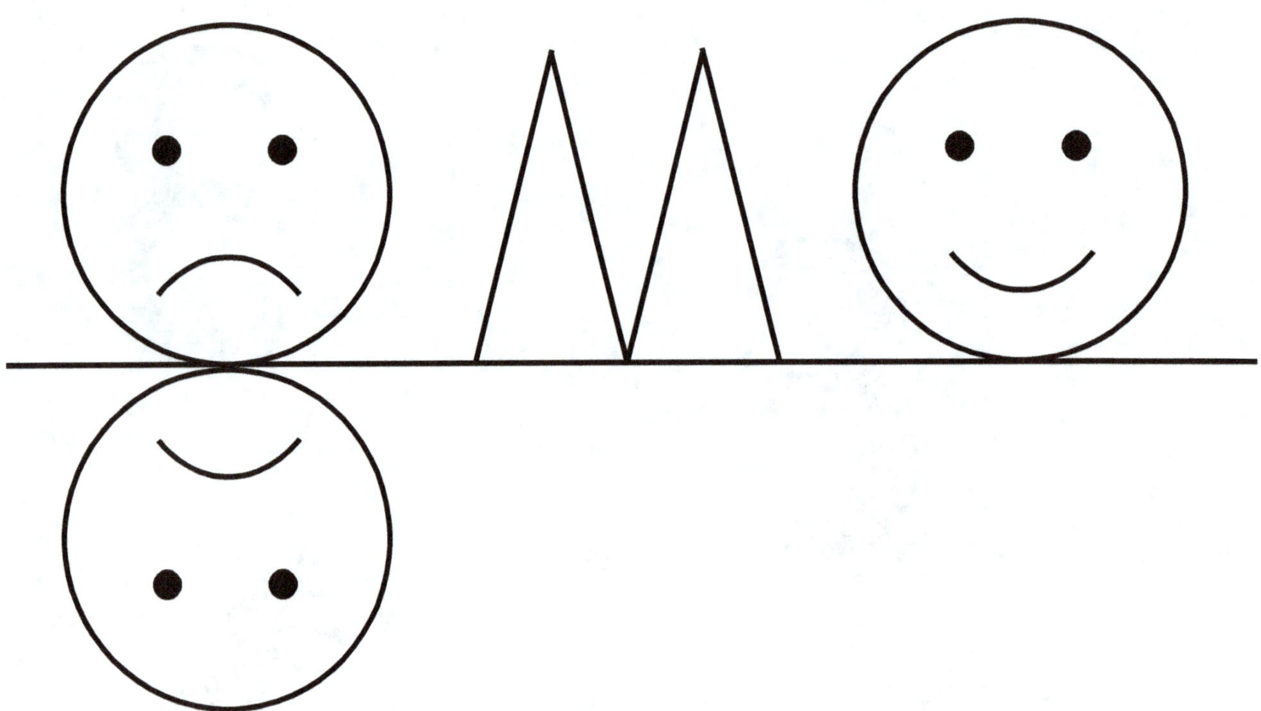

男の子が背負っているランドセルの中に何が入っている
かを推測して描きます。

アーティストが花瓶を描いたときにどの色が使用さ
れたかをマークします。

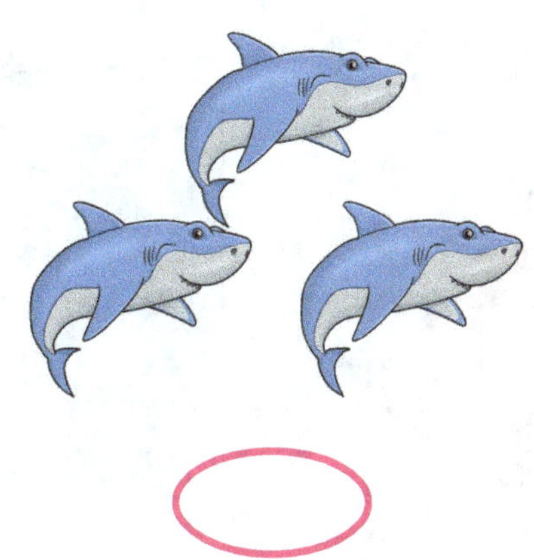

丸太の下にあるどの幾何学的図形が似ているかを見つけてマークします。

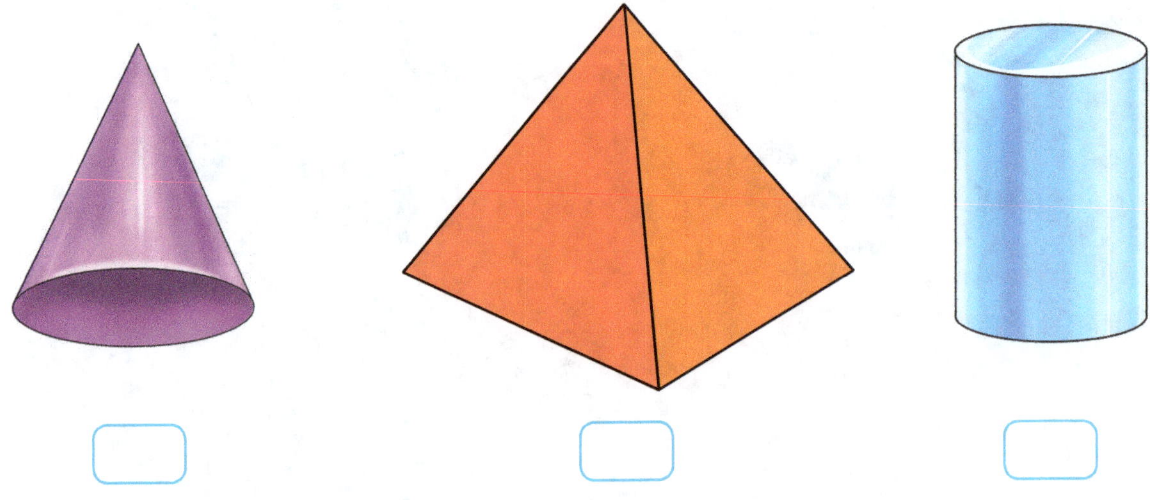

表裏が同じになるように記号を描きます。

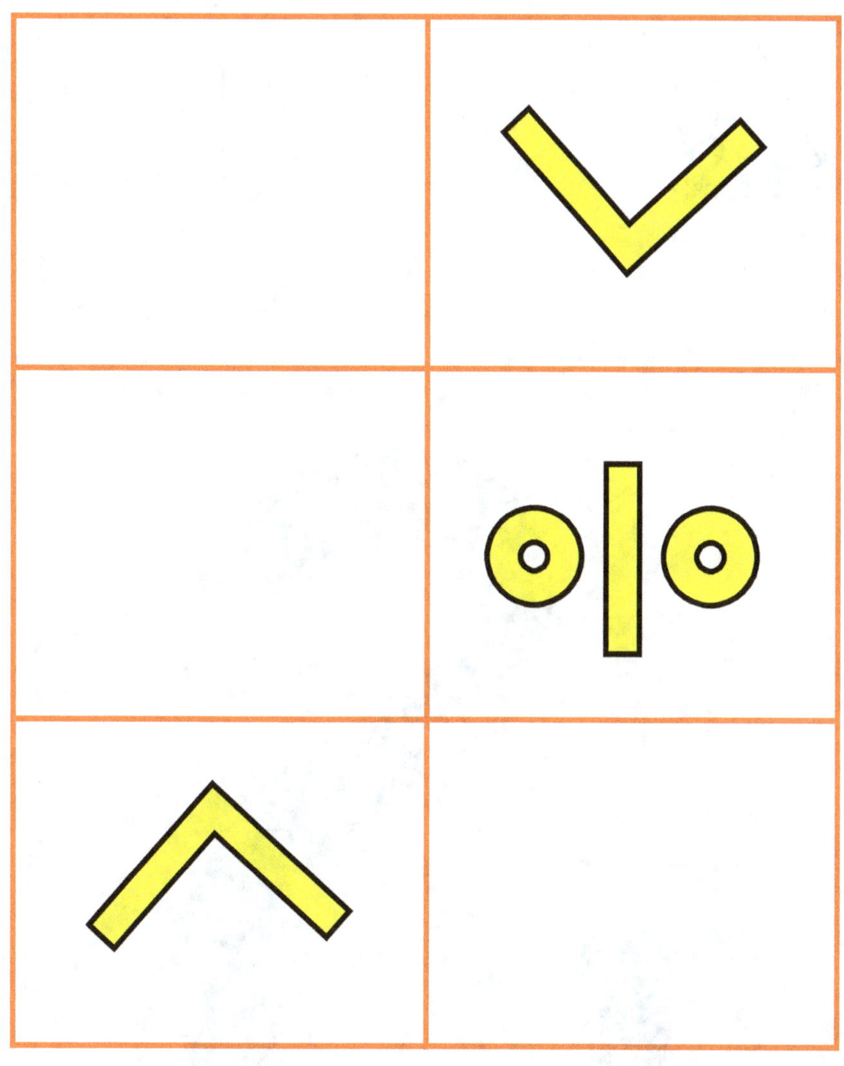

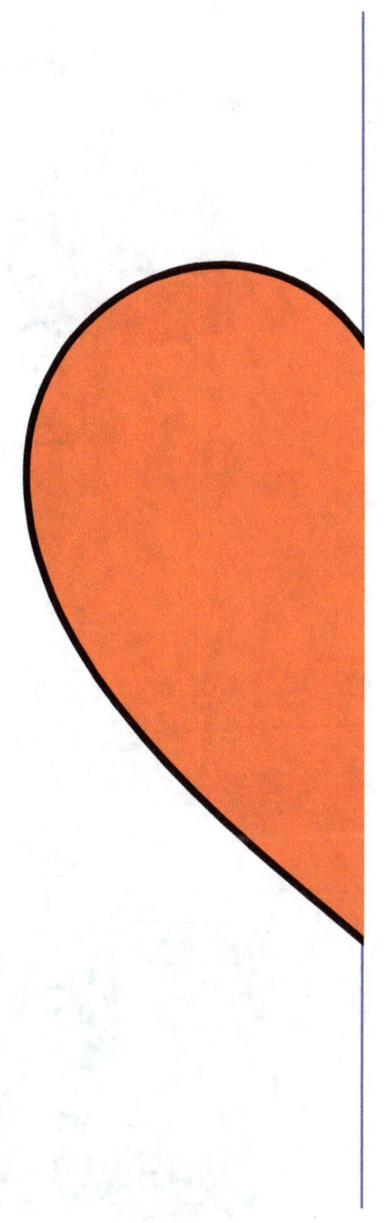

直線を描いて女の子を傘まで連れて行きます。

写真の中の庭師の女の子の欠けている部分を見つけて配置します。

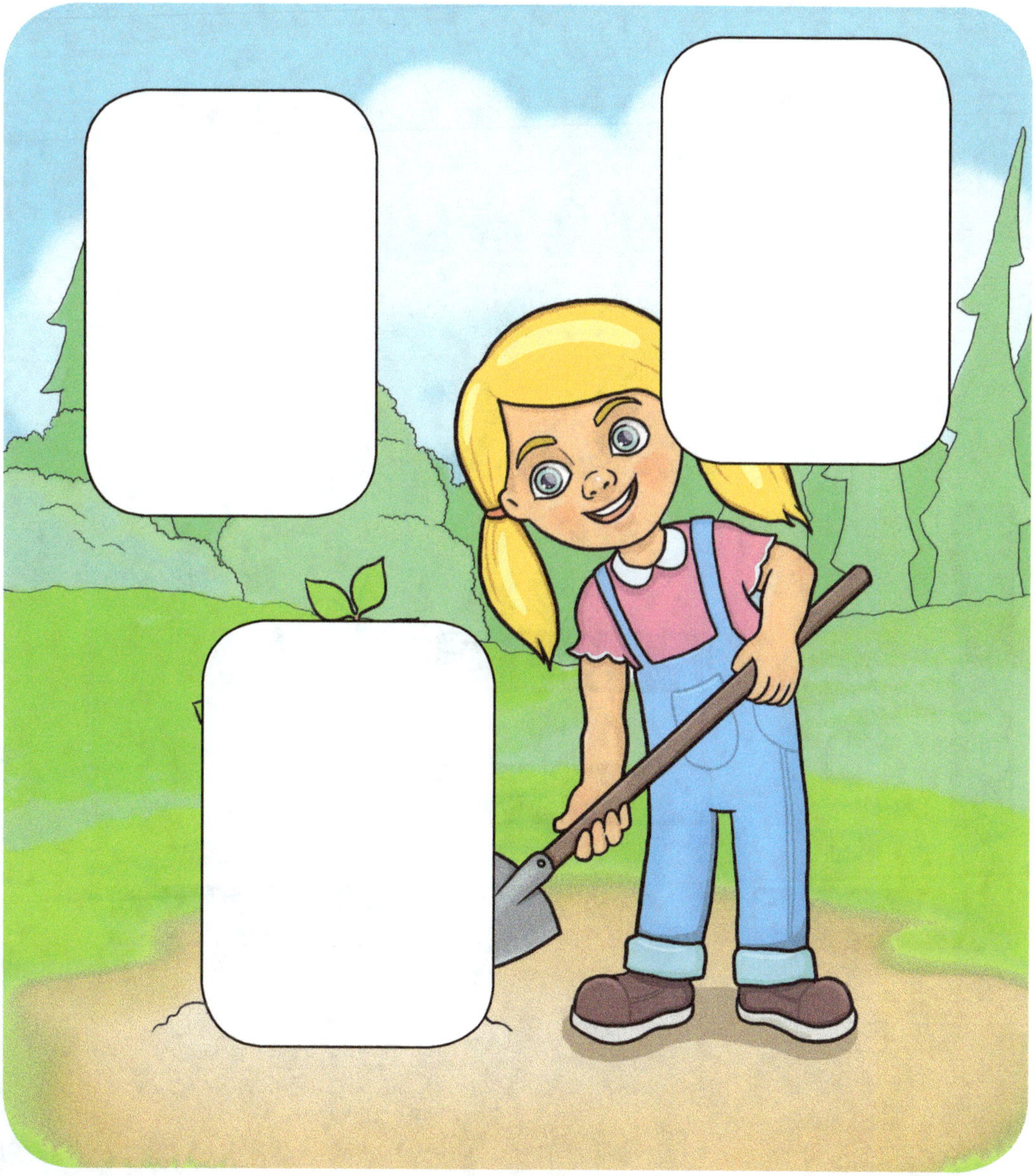

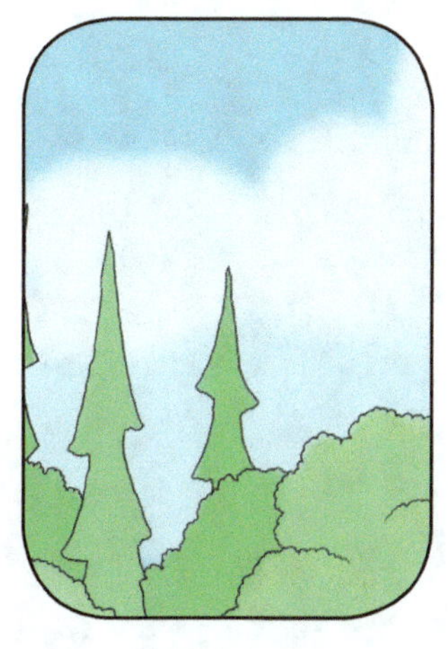

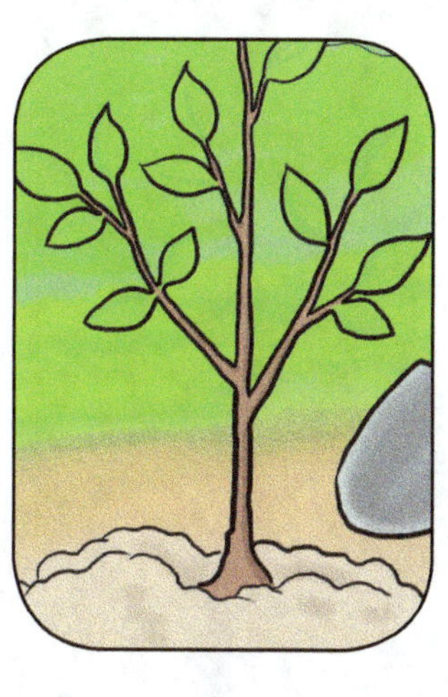

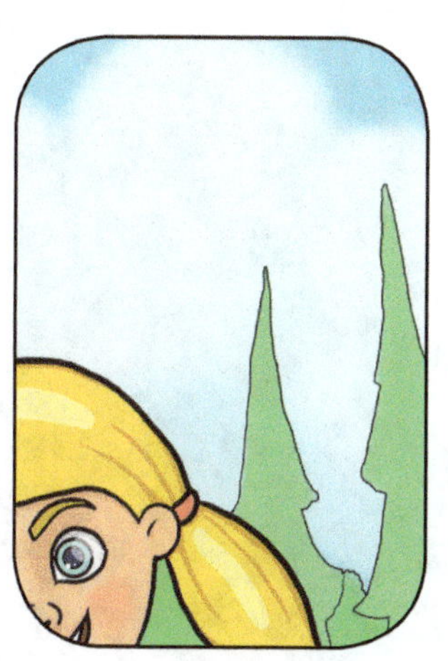

例のようにシンボルを完成させます。

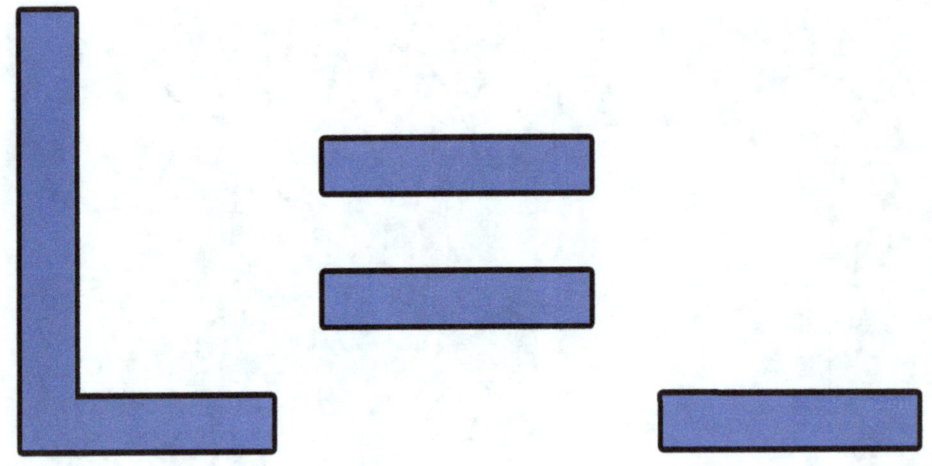

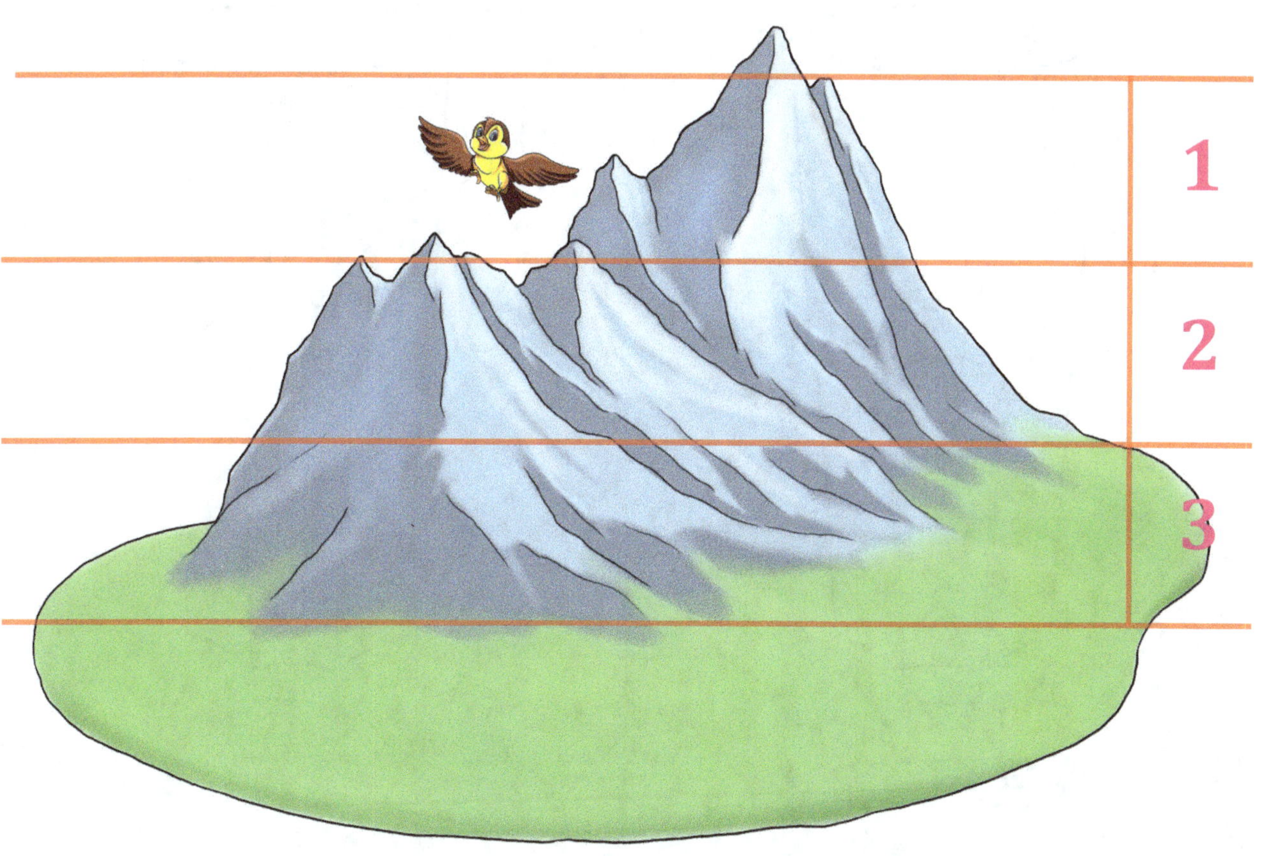
1
2
3

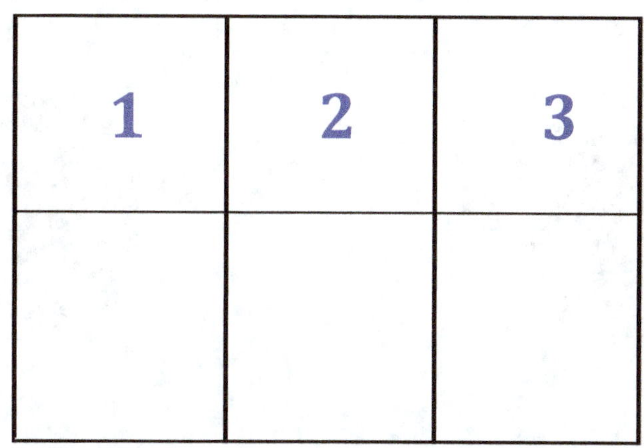
1	2	3

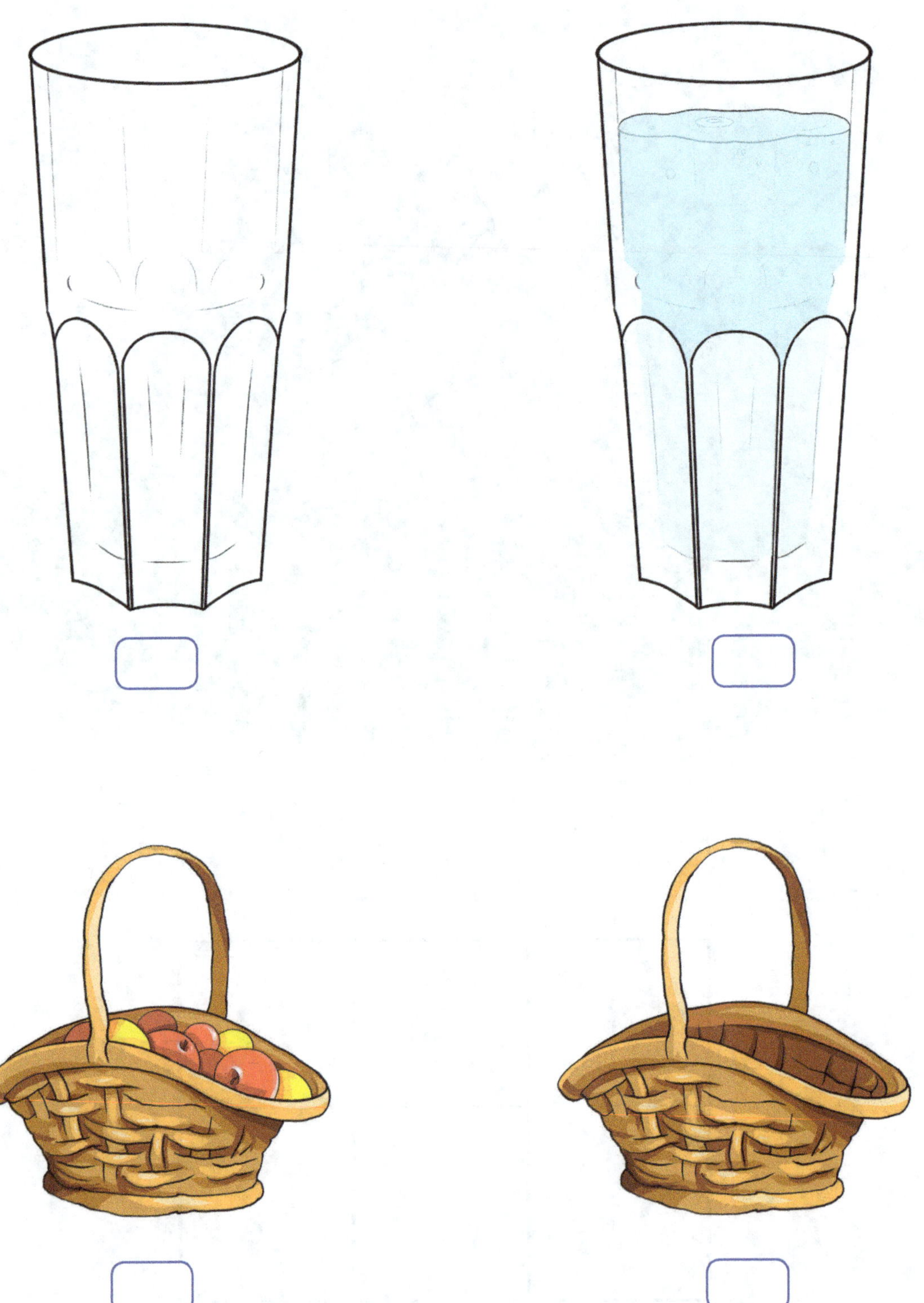

マークを付けて、絵の中に何匹のタツノオトシゴがあるかを見つけてください。

サプライズバルーン

説明:　　いくつかの生物または無生物の写真が切り取られ、風船の中に入れられます。風船を膨らませて結びます。ゲームの参加者ごとにあらかじめ箱が用意されており、そこに参加者の名前が書かれます。風船は地面に置かれます。参加者はお尻で風船を割って、風船から出てくる物体の写真を撮りながら、自分の箱に入れていきます。ゲームの最後に、全員のボックス内のオブジェクトの写真が数えられ、勝者が決定されます。
提案:　　風船、箱、切り取られた動物の小さな写真。

指導:　子供は、ボディランゲージを使用して、動物の動きや食べ方など、動物のいくつかの特徴について説明されます。子供はそれがどの動物であるかを口頭で表現するように求められます。ゲームは順番に続きます。